AF611252

M. BRABANT

RÉFLEXIONS
POLITIQUES

PARIS

SOCIÉTÉ D'IMPRIMERIE ET LIBRAIRIE ADMINISTRATIVES ET DES CHEMINS DE FER

PAUL DUPONT

41, RUE JEAN-JACQUES-ROUSSEAU, 41

1880

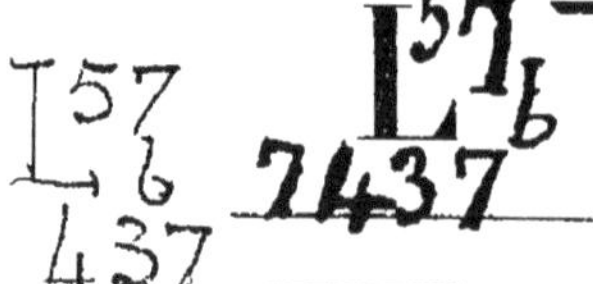

RÉFLEXIONS POLITIQUES

PAR

M. BRABANT

PARIS

SOCIÉTÉ D'IMPRIMERIE ET LIBRAIRIE ADMINISTRATIVES ET DES CHEMINS DE FER

PAUL DUPONT

41, RUE JEAN-JACQUES-ROUSSEAU, 41

—

1880

PARIS ET LES PROVINCES

PARIS ET LES PROVINCES

Après un ostracisme de huit ans, justice a été enfin rendue à Paris, réparation lui a été faite : Paris est redevenu la capitale de la France, le siège du gouvernement et des pouvoirs publics, la résidence des assemblées parlementaires. Il avait fallu la Chambre néfaste de 1871, la haine et la méfiance imméritées des départements provoqués par les partis réactionnaires, pour lui enlever cette prérogative séculaire ; il a fallu la chute méritée de Mac-Mahon, le renouvellement libéral du Sénat, pour le réhabiliter.

Cette heureuse et patriotique réparation rappelle ce que Paris a fait pour la France, tout ce qu'elle lui doit; inspire un rapprochement entre la capitale et les provinces.

Paris est la tête, le cœur, le bras de la France, son centre d'action et d'influence d'où tout rayonne et où tout aboutit; son foyer de lumières, le berceau des libertés et des conquêtes de 1789. Son titre ancien de capitale, sa population agglomérée, intelligente et brave, la grandeur et la majesté de ses monuments, si propres à inspirer de grandes idées et à élever l'âme, sa possession privilégiée de toutes les illustrations, toutes ces circonstances ont dû donner de tout temps à Paris, sur la France, une légitime prépondérance. Toutes les grandes choses, toutes les transformations politiques et sociales, tous les genres de progrès ont eu leur source dans Paris. C'est de sa capitale que vient le sang vif et généreux qui coule dans les veines du pays.

Paris est la tête de la France, car presque tous les modèles du goût, toutes les œuvres de l'esprit, du génie français, toutes les merveilles de l'intelligence viennent de là. C'est là que tous les talents viennent se développer, se perfectionner, c'est là qu'ils reçoivent leur suprême consécration, c'est là que tous les hommes supérieurs et d'avenir, au barreau, à la tribune, dans la chaire, dans les sciences, dans les lettres et les arts, mettent la dernière main à leur mérite. Paris est le cœur de la France, car c'est le cœur de la capitale qui a battu le premier pour les idées généreuses, pour la liberté, pour l'humanité souffrante, pour l'affranchissement des classes opprimées.

Paris est le bras de la France, car c'est lui qui, aux diverses époques de notre histoire, a combattu, a versé son sang pour la défense des libertés publiques. C'est à lui qu'on doit la révolution de 1789, celle de 1830.

Les provinces sont ses membres épars, disséminés, sans cohésion, sans rapprochement possible, que leur éloignement sur l'immense surface du pays frappe d'impuissance pour la conquête et la défense de nos libertés.

Lorsque la France, après dix siècles de tyrannie et de souffrances, à la suite du règne licencieux de Louis XV, des excès de la cour égoïste et dissipée de Louis XVI, au milieu de la banqueroute et de la famine, voulut enfin secouer le joug de l'ancien régime qui lui était devenu odieux et insupportable, où trouva-t-elle les éléments de force et de puissance pour une si grande œuvre, pour renverser un gouvernement qui avait ses fondements dans les siècles passés, pour appuis, les ordres privilégiés, une armée mercenaire et aveuglément dévouée? Est-ce dans les provinces disséminées sur un vaste territoire, sans entente, sans action possible? Assurément non ; par les provinces, jamais la France n'eût été affranchie. Paris seul, avec sa population concentrée, intrépide, enthousiaste, pouvait accomplir ce prodige.

C'est donc à Paris que nous devons d'être débarrassés de l'abominable ancien régime.

Lorsque Polignac lança les ordonnances de juillet, vrai défi jeté à la France libérale, qui vengea et sauva le pays stupéfait et indigné? Qui combattit et vainquit la garde royale et les Suisses commandés par le duc de Raguse? Encore Paris, dont l'héroïque population se leva comme un seul homme et reconquit nos libertés étouffées. Par les provinces malheureusement impuissantes, que serions-nous devenus? C'est donc à Paris que nous devons encore notre délivrance de 1830.

On sait bien que la révolution de 1848, qui a été amenée par l'entêtement inqualifiable, injustifiable de Louis-Philippe, n'a pas été du goût de tout le monde; que celle du 4 septembre, qui était le relèvement de la France abaissée par l'Empire défaillant, n'a pas eu pour partisans les impérialistes dont il était la condamnation.

Mais celle de 1789, sans laquelle la bourgeoisie et le napoléonisme n'existeraient pas, mais celle de 1830, qui fut la victoire du drapeau tricolore sur le drapeau blanc, ont été applaudies de tout le pays et lui ont profité.

Que le clergé et la noblesse, que les légitimistes et les cléricaux haïssent Paris, on le comprend à merveille, ils ne lui pardonneront jamais le mal qu'il leur a fait : le clergé, la perte de son influence théocratique; l'aristocratie, celle de ses privilèges ; les légitimistes, la chute du trône de saint Louis, les avantages et la prépondérance qu'ils en retiraient; mais la bourgeoisie, mais les impérialistes, leur haine et leur ingratitude sont regrettables.

Il est vrai que la bourgeoisie qui a conquis en 1789 et affermi en 1830 une position de fortune et d'influence, qui contrebalance celle des ordres privilégiés d'autrefois, jalouse et craint le peuple qu'elle voit arriver à son tour. Il est vrai que les campagnes ignorantes épousent les méfiances calculées qui leur sont inspirées par les mécontents, par les impérialistes qui ne peuvent pardonner le 4 septembre qui a mis fin aux abus dont ils profitaient.

Quoi qu'il en soit, c'est bien à Paris que la France doit ce qu'elle est aujourd'hui, c'est à Paris que nous devons tous, bourgeois et paysans afranchis, d'être élevés au rang de citoyen et d'homme libre, de ne plus payer la dîme aux prêtres, et de ne plus trembler devant le seigneur de notre village, de posséder et de cultiver une terre franche, de n'être plus exposés, sur une dénonciation haineuse ou comme portant ombrage à un homme puissant, à être jetés pour le reste de nos jours dans les cachots de la Bastille; d'obtenir en tout et contre tous la justice qui nous était autrefois refusée. C'est à Paris que nous devons l'égalité civile et politique, la liberté d'écrire, la liberté de conscience. C'est enfin à Paris que nous devons, simples bourgeois, pauvres paysans devenus, après la Révolution, généraux, hauts dignitaires, riches industriels, puissants capitalistes, propriétaires millionnaires, la brillante position sociale dont nous jouissons actuellement. Sans cette brave population parisienne, des 5 et 6 octobre 1789, du 10 août 1792, nous serions encore les tributaires du clergé, les humbles serviteurs des nobles, les bas officiers des colonels et des généraux de naissance, les esclaves des grands, les sujets soumis de nos rois absolus.

Il y a plus. Si Paris a affranchi la France, la France a affranchi et affranchira successivement par son exemple, par l'ascendant et l'influence de ses idées, les différentes parties de l'Europe. C'est donc à Paris en dernière analyse, que les peuples de l'Europe doivent l'amélioration de leur état politique et social. En effet, sans la France, l'Espagne serait encore sous le despotisme des moines; la Belgique ne jouirait pas des bienfaits d'un gouvernement libéral et constitutionnel; l'Italie, toujours sous la tutelle oppressive de l'Autriche et sous le joug théocratique de Rome, ne formerait pas un état libre et indépendant, n'aurait pas la Ville éternelle pour capitale. Les autres nations n'auraient fait aucun progrès dans la voie des institutions modernes auxquelles aucun peuple n'est demeuré étranger depuis notre grande Révolution. Les armées françaises qui, depuis cette époque, ont parcouru victorieusement toutes les contrées du monde, n'y auraient pas porté, avec leur drapeau, ces grandes idées de liberté et d'émancipation dont nous voyons partout les heureuses conséquences, les grands développements.

Eh bien! l'auteur de ces merveilles, c'est la France, c'est-à-dire Paris.

Ayons donc un peu de reconnaissance pour ce Paris qui a fait de si grandes choses, qui a versé son sang pour la liberté française, pour la civilisation européenne.

Les grandes idées, les résolutions généreuses viendront toujours de là.

Et qu'on ne vienne pas parler de l'attentat du 18 mars, Paris l'a toujours repoussé, condamné, flétri. Ce n'est pas là une révolution parisienne, le soulèvement du droit contre la force, de la loi contre le despotisme. C'était précisément le contraire : le 18 mars a été un attentât cosmopolite, que rien ne peut excuser, que tout réprouve ; le résultat d'un concours de circonstances qui ne se représentera pas sur vingt siècles.

Paris en est entièrement pur.

Ainsi, que les provinces marchent d'accord avec Paris, qu'elles comptent sur lui ! On ne sait pas ce que nous réserve l'avenir.

Si le 16 mai avait eu le criminel courage d'aller jusqu'au bout, comme il en avait fait la menace, c'est encore Paris, oui, Paris qui eût sauvé la France !

LE DUEL POLITIQUE

LE DUEL POLITIQUE

Le duel, sous des formes diverses et pour des motifs différents, a existé de tout temps en France. Il a toujours fait partie de nos habitudes et de nos mœurs nationales. Rien, à aucune époque de notre histoire, ni l'influence de la religion, ni les doctrines de la morale et de la philosophie, ni les peines édictées contre lui, ni sa critique comme faux point d'honneur, n'ont pu le déraciner ou en atténuer les conséquences.

Sous les premiers Rois de France, c'était un reste des mœurs belliqueuses des Gaulois et des Francs ; sous le règne de la chevalerie, les luttes en champclos, c'était le culte exagéré de la galanterie française, parfois aussi la défense généreuse du faible et de l'opprimé ; au temps des combats judiciaires sottement appelés — jugements de Dieu — c'était l'inique épreuve de la justice.

Plus tard, après la République et l'Empire, le duel fut la conséquence des habitudes guerrières de cette époque et, en quelque sorte, une lutte ou une rivalité entre les deux partis alors en présence : Napoléonistes et Royalistes.

Nous ne parlerons pas ici du duel en général, des raisons qui l'ont fait approuver par les uns, blâmer par les autres, nous ne voulons traiter la question qu'au point de vue politique. Nous exposerons les graves inconvénients qu'il offre, les proportions regrettables qu'il prend, la fausse position qu'il fait aux écrivains et aux hommes politiques, l'utilité qu'il y a, dans l'état actuel d'irritation des esprits, d'en arrêter les développements.

Le duel politique, qui a lieu aujourd'hui trop souvent entre les écrivains politiques et même parfois entre les membres des assemblées délibérantes, ne date guère que de la révolution de juillet. Jusque-là, il était, en quelque sorte, inconnu. On en citerait à peine quelques exemples qui n'offriraient pas au reste le caractère de gravité qu'il présente maintenant. Sous la Restauration, malgré la vivacité de la lutte et l'animosité des deux partis en présence, il n'y eut pas de duels politiques proprement dits. Jamais, je pense, on ne vit, l'épée à la main, les rédacteurs du *Constitutionnel* et ceux de la *Gazette de France*, les écrivains du *Courrier français* et ceux du *Drapeau blanc*, ni les députés libéraux et les députés royalistes. On ne pourrait pas considérer comme tel, une proposition de rencontre sans suite, entre un membre de la droite et le général Foy, pour un mot échappé à celui-ci et mal compris. La lutte entre les partis était toujours pleine de dignité et de formes. Les discussions de la presse et de la tribune s'écartaient rarement de ce haut sentiment des convenances qui fait aujourd'hui si souvent défaut aux écrivains et aux orateurs. On ne pourrait guère citer que l'orageuse séance où Manuel fut expulsé de la salle; les principes étaient seuls en cause, point les hommes, pas de ces articles injurieux, de ces discours provocants, de ces attaques personnelles qui arment aujourd'hui trop souvent de l'épée le journaliste et l'orateur. C'est la plus belle époque de la presse et de la tribune; mais dans les premières années de Louis-Philippe, le duel fait son apparition sur la scène politique. Les journalistes qui, jusque-là, s'étaient respectés et n'avaient pas quitté leur cabinet de travail pour se rendre sur le terrain de combat, se provoquent en duel. Dès ce moment, on peut dire que la pensée cesse d'être libre, puisque les opinions se combattent, non par une discussion libre et loyale, mais par la force brutale. Le duel politique est absurde et tyrannique : absurde, car c'est le plus triste des arguments; tyrannique, car il paralyse les moyens de discussion et de controverse des écrivains doux et timides, étrangers à ces genres de luttes, très habitués à manier une plume, mais incapables de manier une épée. Armand Carrel et Godefroy Cavaignac, jeunes hommes du plus noble caractère et de la plus grande espérance, qui promettaient à leur pays des hommes utiles et de grands citoyens, succombent dans un misérable duel. Nous entrons dans la voie déplorable des duels politiques qui n'est pas la moindre des plaies de notre temps. Les choses en sont venues à un tel point, que nul écrivain n'est sûr de son lendemain, qu'il est impossible d'exprimer sa pensée sur les faits passés ou contemporains, sur les hommes qui y ont pris une part quelconque, sans s'exposer à être obligé d'en rendre compte sur le terrain. La publication franche de ses appréciations est devenue impossible, il faut s'abstenir ou se battre. Tout ce qui se passe depuis quelque temps en est la triste et ridicule preuve. Nul homme aujourd'hui, journaliste, député, historien, penseur, quelles que soient l'élévation, la dignité, la pureté de sa vie et de ses principes, n'est à l'abri d'une misérable provocation. Il y a plus : plus on a de talent, plus on paye de sa personne dans les écrits, dans les harangues ; plus on est dévoué à la chose publique, plus on rend de services à l'Etat, plus on est exposé. Thiers faillit périr d'une mort semblable, et aujourd'hui Gambetta, le chef reconnu de la démocratie française, son guide éclairé, son éloquent défenseur, dont la modération et l'esprit politique font le désespoir de nos implacables ennemis, à quels dangers ne serait-il pas exposé, et avec lui, la cause républicaine, s'il croyait devoir répondre à toutes les provocations calculées dont il pourrait être l'objet ?

Sous l'Empire, où tout esprit public était éteint, tout duel de ce genre était impossible ; mais depuis le réveil de l'opinion publique, l'ardeur et la passion des partis, la violence de leur polémique l'ont fait revivre, lui ont donné une fréquence et une gravité qui appellent l'attention des esprits sérieux et réfléchis.

Le duel politique prend des proportions, offre des inconvénients et des dangers qu'il est utile de signaler. Les journalistes, les orateurs sont, en quelque sorte, obligés de soutenir, l'épée à la main, les opinions qu'ils expriment. Bientôt, il faudra, pour être écrivain, orateur, manier aussi bien l'arme de combat que la plume et la parole, fréquenter les salles d'armes et les tirs au pistolet aussi assidûment que les cabinets d'étude et les bibliothèques, être homme de combat autant qu'homme de travail et de méditation, ce qui est absurde. C'est transformer les penseurs, les moralistes, les philosophes, les savants, en bretteurs, en tireurs d'armes. Un écrivain distingué, de mœurs douces et paisibles, ne peut plus dire toute sa pensée, sachant bien que, pour ce fait, il s'expose à une provocation en duel. Pour la faire passer, il est obligé de l'atténuer, de lui ôter sa force, sa valeur. Car nul ne sait, par le temps qui court, si, le lendemain du jour où a paru un écrit de lui, il ne succombera pas dans un duel ou n'aura pas le malheur irréparable de tuer un de ses semblables. Encore, si l'on ne s'attaquait qu'à des personnalités outrageantes, à des imputations véritablement calomnieuses où l'honneur est réellement engagé, soit ;

mais l'on est souvent provoqué pour une opinion émise, pour une appréciation de faits, toutes choses qui sont du domaine de la discussion. Et voyez-vous d'ici un homme d'études, étranger à ce genre de luttes, manquant de la présence d'esprit, du calme, de l'aplomb et de l'expérience nécessaires pour y figurer à peu près à armes égales, se trouvant en face d'un adversaire passé maître en pareille matière et connu pour ses succès sur un semblable terrain, sachant dès lors qu'il va à une mort presque certaine : mais c'est quelque chose de monstrueux !

Un pareil état de choses, dans l'état de bouillonnement du pays, pourrait conduire aux plus tristes conséquences. Les journalistes se provoquent trop souvent en duel; parfois les représentants, les ministres eux-mêmes, les hauts dignitaires de l'Etat, ne sont pas à l'abri de semblables provocations, soit directement, soit indirectement. Il n'y a pas de raison pour que, d'un moment à l'autre, sous l'influence d'événements graves, les électeurs n'en fassent autant et que la France, un jour de grande lutte électorale, ne devienne un vaste champ-clos où les opinions se combattraient, non plus par des bulletins, mais par les armes.

Tâchons donc de guérir cette épidémie de duels politiques.

Que les écrivains, dans leur polémique, apportent plus de modération de rédaction, plus de scrupule d'informations, plus de respect des personnes et des choses ; que les députés soient plus sobres d'interruptions, de cris tumultueux, de tapages injurieux et parlementaires, d'apostrophes insultantes ; qu'ils aient plus de souci de la dignité de la tribune, de la majesté des débats parlementaires : c'est le moyen d'éviter ces déplorables duels politiques qui peuvent amener des deuils de famille et, ce qui est mille fois pis, des deuils publics.

VEILLONS SUR LA RÉPUBLIQUE

VEILLONS SUR LA RÉPUBLIQUE

Ce cri d'alarme s'adresse aux républicains d'une certaine catégorie, qu'aucune leçon, aucun enseignement historique n'éclaire, à qui rien ne peut ouvrir les yeux. Celui qui le laisse échapper est un vrai républicain qui a le sentiment profond, la triste certitude des dangers que font courir à la République les déclamations insensées, les réclamations intempestives, les doctrines prématurées d'un parti incorrigible et aveugle. Oui, veillons sur la République; les républicains extrêmes sont à la veille de la perdre une troisième fois. Est-ce qu'il se serait glissé dans leurs rangs des bonapartistes, des jésuites qui les poussent au désordre et à leur perte? Cela s'est déjà vu; républicains, prenez garde à vous! Napoléon a dit, en parlant des Bourbons, des hommes de l'ancien régime : Ils n'ont rien appris, ils n'ont rien oublié. On peut dire des républicains d'une certaine école : Ils n'ont rien appris, ils ont tout oublié. En effet, l'histoire ne les a pas éclairés sur les périls que font courir à la liberté, les excès commis en son nom, la prédication de doctrines trop avancées pour l'opinion régnante.

Ils ont oublié le 18 brumaire, le 2 décembre ; les leçons du passé ne sont rien pour eux. Si l'on comprend que les républicains inexpérimentés de 92 ait été fatalement entraînés aux excès qui les ont perdus, parce qu'ils se sont trouvés jetés au milieu des événements les plus extraordinaires : ruine complète des institutions du passé, matériaux épars et mal assemblés d'un nouvel ordre social à édifier à l'improviste, invasion étrangère, conspirations intérieures, soulèvement d'un grand nombre de départements, tumultes et agitations incessantes au centre même du gouvernement ; si l'on comprend à peu près que les républicains surpris de 1848 n'aient pas su tirer un certain profit des fautes de leurs prédécesseurs, se soient maladroitement laissés diviser par les manœuvres habiles des trois partis de l'ordre coalisés contre la République, aient commis les excès criminels du 15 mai et des journées de juin qui ont consommé leur ruine, on est frappé de stupeur à la vue de la conduite insensée de certains républicains de nos jours qui, sourds et aveugles aux leçons et avertissements du passé, renouvellent, sans excuses et sans nécessité, une partie des fautes et des erreurs des deux premières républiques qui doivent fatalement conduire à la même fin. Comment ! ils ne voient pas que leurs agissements révolutionnaires : la réhabilitation, la glorification de la Commune, leurs élections de Blanqui, Humbert, Trinquet, leurs attaques violentes contre le gouvernement, leur mépris de la représentation nationale, leurs déclamations insensées contre des républicains tels que Gambetta, Grévy, de Freycinet et autres, alarment le pays, effrayent les départements, pourraient les détacher de la république à laquelle ils ne se sont ralliés que par lassitude, avec une confiance méticuleuse et dans l'impossibilité momentanée de relever la monarchie. Eux seuls ne voient donc pas ce que tout le monde voit ! Qu'ils y prennent garde ! S'ils ont pour eux quelques populations centrales, ils ont contre eux la bourgeoisie, la plus grande partie des campagnes, tout ce qui a peur, tout ce qui tremble à la moindre effervescence révolutionnaire. Qu'ils réfléchissent aux élections de 1881 ! Qu'ils apportent plus de modération, plus de mesure dans leur polémique, dans le fond et dans la forme. Leurs doctrines peuvent être généreuses, humanitaires, tout ce qui a du cœur et l'amour de ses semblables n'y saurait être réfractaire, mais elles sont prématurées et dès-lors, pour le moment, inapplicables ; l'heure n'en a pas sonné. N'oublions pas la règle salutaire pour le bien du peuple, elle se résume en deux mots : Savoir attendre. Sachons donc attendre que le moment de nos réformes radicales soit venue, ayons cette sage et salutaire patience, ne reculons pas encore l'avènement de nos idées, la réalisation de nos réformes sociales par une maladroite et fatale précipitation.

Les grandes réformes qui modifient profondément l'état politique et social d'un pays, ne peuvent être que l'œuvre du temps ; elles ne durent, elles n'ont un caractère sérieux qu'à ce prix-là. Si elles arrivent trop tôt, par surprise, imposées par une minorité audacieuse momentanément triomphante; si elles ne sont pas dans les esprits, dans l'esprit public, elles ne se maintiennent pas. La maturité leur manque, c'est un avortement; ces réformes, arrivées trop tôt, sont promptement supprimées, remplacées pas une situation pire que celle que l'on se proposait d'abolir.

Attendons donc, aidons le Gouvernement, le ministère, puisque le pays légal est avec lui; protégeons-le, inclinons-nous devant la majorité. Jusqu'à ce que nous l'ayons nous-mêmes, il prépare notre avènement. Au lieu de harceler le pouvoir, d'entraver sa marche, donnons-lui notre appui, notre concours, sous la réserve de nos principes. Ce n'est plus le ministère Dufaure, qui, dans son aveugle confiance, dans sa modération débonnaire, niait l'existence du cléricalisme, laissait les fonctionnaires de tous ordres en place et conspirer à leur aise contre la république; ce n'est plus le ministère J. Simon, qui pratiquait une république aimable, se laissait conduire par la réaction et se faisait ridiculement éconduire par la camarilla cléricale; c'est le ministère Freycinet, sous la présidence de l'honnête et inébranlable Grévy, franchement républicain, résolument progressiste, dont on n'a à craindre aucun acte de faiblesse, dont on peut tout espérer pour l'avenir.

Ne réjouissons pas nos adversaires par nos stupides divisions, par nos luttes intestines, par nos revendications imprudentes et anticipées ; ne réveillons pas l'espoir que leur avait fait perdre l'union imposante et intelligente de toutes les nuances du grand parti républicain de 1877 et 1878; songeons, ne perdons pas de vue, que pour vaincre définitivement, nous n'avons pas trop de toutes nos forces réunies. Toutes les fractions du parti républicain concentrées pour appuyer le gouvernement Grévy-Freycinet, c'est notre salut; divisées et se combattant, c'est notre perte. Attendons, pour nous combattre légalement et faire triompher nos doctrines particulières, que nous ayons terrassé nos ennemis communs. Union et modération, voilà pour nous les signes de la victoire.

La bourgeoisie, la campagne, s'émeuvent à la moindre agitation; elles sont prêtes à se jeter, malgré ce qui leur en a coûté, dans les bras du premier sauveur venu, elles ont peur d'une république agitée ; il leur faut une république calme, tranquille, rassurante. Si la république ne reprend pas les allures calmes qui l'ont établie, qui l'ont développée et affermie jusqu'à nos jours, que lui ont fait perdre malheureusement les procédés violents des amnistiés et quelques imprudents de l'extrême gauche, nous sommes exposés à être battus aux élections de 1881 et à voir reparaître la Chambre de 1871.

Oui, républicains téméraires, aventureux, si vous persistez dans votre République à outrance, si vous continuez votre opposition systématique et violente contre tous les ministres qui n'acceptent pas vos idées, vous livrez la république aux plus grands périls, vous la jetez dans les hasards et l'imprévu. Prenez garde que les classes dirigeantes, dont l'influence sur les populations encore trop inexpérimentées est plus grande que vous ne le pensez, ne ressaisissent leur empire, en faisant de nouveau appel au péril social que ne paraîtront que trop justifier vos déclamations et vos violences; prenez garde que la France, effrayée, affolée ne se prête, dans un moment de surprise, à un coup de main bonapartiste, à une restauration cléricale.

Tout est possible dans des situations extrêmes. Si vous avez pour vous des idées généreuses malheureusement incomprises, du moins pour le moment, vos adversaires ont pour eux l'influence de l'argent, des grandes fortunes, de la corruption à laquelle on n'est que trop sensible de nos jours.

Dans la situation difficile que font à la République encore mal assise, l'ignorance du peuple, l'habileté de ses adversaires, leur perfidie, les républicains de l'avant-garde n'ont qu'une voie sûre à suivre : éclairer sainement les masses, faire patiemment leur éducation politique, se concilier l'opinion publique, rassurer et ramener les classes intermédiaires, soutenir tout ministère sérieusement républicain ; dans cette position correcte, attendre le triomphe et la consécration de leurs idées. A ces conditions l'avenir est à eux.

Car, il faut être bien convaincu d'une chose, c'est qu'on ne peut plus arriver par une surprise, par Paris seul. Quelle que soit la justice d'une cause on ne peut désormais arriver que par le pays légal, par l'opinion publique.

Le temps des surprises généreuses, des coups d'audace héroïques est passé.

L'esprit public est organisé, discipliné, il est tout-puissant, il est maître du terrain, rien n'est plus possible que par lui.

Paris seul, l'héroïque Paris a fait 1789, Paris seul, l'héroïque Paris a fait 1830.

Toute révolution à venir ne peut être que l'œuvre de la France entière.

Ainsi, républicains impatients, sachez attendre ; ne compromettez plus le sort de la démocratie, de l'humanité, par vos déclamations, par vos plaintes, par vos revendications prématurées.

Veillez sur la République, veillez sur vous-mêmes !

Paris-Imp. PAUL DUPONT, 41, rue Jean-Jacques-Rousseau. — 1942.7.80

PARIS. — IMPRIMERIE PAUL DUPONT

41, RUE JEAN-JACQUES-ROUSSEAU, 41

www.ingramcontent.com/pod-product-compliance
Ingram Content Group UK Ltd.
Pitfield, Milton Keynes, MK11 3LW, UK
UKHW020401250726
13967UKWH00005B/2417

9 782012 972148